35個孩子一定要知道的防身守則

危險來了
我會自保！

清永奈穗（日本NPO法人體驗型安全教育支援機構代表理事）監修

the rocket gold star 繪

單信瑜（國立陽明交通大學副教授）審訂　　**蘇懿禎** 譯

你知道「防身」
是什麼意思嗎？

防身的意思是，當周
遭發生危險事件時，
能夠保護自己，不受
到傷害或侵犯。

有人想做壞事
而靠近自己的
時候……

我會給你
零食，跟
我走吧！

危險的人想進行暴
力行為的時候……

要怎麼做才安全？
要怎麼做才安心？

準ㄓㄨㄣˇ備ㄅㄟˋ守ㄕㄡˇ則ㄗㄜˊ

記ㄐㄧˋ得ㄉㄜ這ㄓㄜˋ **35** 個ㄍㄜˋ
自ㄗˋ我ㄨㄛˇ保ㄅㄠˇ護ㄏㄨˋ守ㄕㄡˇ則ㄗㄜˊ。

一ㄧˊ個ㄍㄜˋ一ㄧˊ個ㄍㄜˋ學ㄒㄩㄝˊ，
一ㄧˊ定ㄉㄧㄥˋ沒ㄇㄟˊ問ㄨㄣˋ題ㄊㄧˊ！

行ㄒㄧㄥˊ動ㄉㄨㄥˋ守ㄕㄡˇ則ㄗㄜˊ

接下來，就讓我們一起
來學習一輩子都受用的
防身守則吧！

5

首(ㄕㄡˇ)先(ㄒㄧㄢ)是(ㄕˋ)

準(ㄓㄨㄣˇ)備(ㄅㄟˋ)的(ㄉㄜ˙)守(ㄕㄡˇ)則(ㄗㄜˊ)

心(ㄒㄧㄣ)理(ㄌㄧˇ)準(ㄓㄨㄣˇ)備(ㄅㄟˋ)

8～12頁

我們無法預期危險什麼時候會發生，
但只要事前先做好準備就不用擔心。
現在就一起來記住這些守則吧！

當危險事件
發生的時候……
19～23頁

在危險事件
發生之前……
19～23頁

「可疑、危險人士」接近時要提高警覺

觀察所在的場所和周遭來往的人，不要只用外表判斷。感覺到奇怪、可疑和危險時，可能是發生危險事件的預感，最好趕快離開現場。

長時間單獨待在外面非常危險

即使是在住家附近的公園，或是學校旁邊，單獨一個人就很容易成為壞人下手的目標。因此，在外面遊戲和玩耍時，記得跟朋友或大人同行。

隨時確認自己身邊
是否有可以信賴的人

例如熟識的鄰居奶奶、附近的商家或是警察先生等，除了家中的大人和老師之外，他們有可能也是可以求助的人，能一起守護你的安危喔！

平常多和鄰居打招呼

在外面遇到鄰居時，別忘了和對方打招呼，讓對方記得你。當你遇到危險的時候，他們就能幫你脫離險境。

覺得不舒服或奇怪的時候要跟老師或家中的大人說

當陌生人靠近你，且讓你覺得不舒服或感到奇怪的時候，要跟老師或家裡的大人報告你記得的事，以下的情況都可能是可疑人士。

\糾纏不休/

- 一直想和你說話的人
- 一直等著你的人
- 靠近你的人
- 讓你覺得奇怪的人
- 一直注視你的人
- 偷偷對你拍照的人
- 跟著你的人

隨ㄙㄨㄟ身ㄕㄣ攜ㄒㄧ帶ㄉㄞ可ㄎㄜ以ㄧˇ
呼ㄏㄨ救ㄐㄧㄡ或ㄏㄨㄛ是ㄕ保ㄅㄠˇ護ㄏㄨˋ
身ㄕㄣ體ㄊㄧˇ的ㄉㄜ物ㄨˋ品ㄆㄧㄣˇ

隨ㄙㄨㄟ身ㄕㄣ攜ㄒㄧ帶ㄉㄞ可ㄎㄜ以ㄧ呼ㄏㄨ救ㄐㄧㄡ的防ㄈㄤ身ㄕㄣ警ㄐㄧㄥ報ㄅㄠ器ㄑㄧˋ、哨ㄕㄠ子ㄗˇ，以ㄧ及ㄐㄧ讓ㄖㄤˋ駕ㄐㄧㄚˋ駛ㄕˇ人ㄖㄣˊ看ㄎㄢˋ得ㄉㄜ更ㄍㄥˋ清ㄑㄧㄥ楚ㄔㄨ的ㄉㄜ反ㄈㄢˇ光ㄍㄨㄤ罩ㄓㄠˋ。遇ㄩˋ到ㄉㄠˋ危ㄨㄟ險ㄒㄧㄢˇ的ㄉㄜ時ㄕˊ候ㄏㄡˋ，身ㄕㄣ邊ㄅㄧㄢ有ㄧˇ這ㄓㄜˋ些ㄒㄧㄝ求ㄑㄧㄡ救ㄐㄧㄡ物ㄨˋ品ㄆㄧㄣˇ會ㄏㄨㄟˋ讓ㄖㄤˋ人ㄖㄣˊ更ㄍㄥˋ安ㄢ心ㄒㄧㄣ。

檢查學校或家附近的危險場所

和家中的大人一起練習看地圖，確認附近是否有危險場所，並在地圖中標記你會打招呼的人，以及你認為安全的地點。

工　廠

便利商店

24

工地現場

空地

朋友的家

商店街

學校

公園

停車場

P

幼兒園

派出所

家

空屋

危險場所

(人) 很少的地方

(看) 不到或看不清楚四周環境的地方

(分) 叉路口、小路

(沒) 有人利用的房子或空地

練習打電話求救

發生危險事件時，要立刻打電話連繫家中的大人，並先確定好除了家人外，還可以打電話給誰會更安心，請先跟家中的大人討論打電話時要講什麼內容。

電話聯絡筆記
1. 時間
2. 地點
3. 發生什麼事
4. 遇到什麼樣的人
5. 對方對你做了什麼事

當ㄉㄤ 單ㄉㄢ 獨ㄉㄨˊ 走ㄗㄡˇ 在ㄗㄞˋ 路ㄌㄨˋ 上ㄕㄤˋ 時ㄕˊ

不ㄅㄨˋ 要ㄧㄠˋ 逗ㄉㄡˋ 留ㄌㄧㄡˊ 快ㄎㄨㄞˋ 步ㄅㄨˋ 向ㄒㄧㄤˋ 前ㄑㄧㄢˊ 走ㄗㄡˇ

當ㄉㄤ 一ㄧ 個ㄍㄜˋ 人ㄖㄣˊ 走ㄗㄡˇ 在ㄗㄞˋ 馬ㄇㄚˇ 路ㄌㄨˋ 上ㄕㄤˋ 也ㄧㄝˇ 要ㄧㄠˋ 隨ㄙㄨㄟˊ 時ㄕˊ 留ㄌㄧㄡˊ 意ㄧˋ ， 不ㄅㄨˋ 要ㄧㄠˋ 低ㄉㄧ 著ㄓㄜ 頭ㄊㄡˊ ， 而ㄦˊ 是ㄕˋ 望ㄨㄤˋ 向ㄒㄧㄤˋ 前ㄑㄧㄢˊ 方ㄈㄤ 快ㄎㄨㄞˋ 步ㄅㄨˋ 向ㄒㄧㄤˋ 前ㄑㄧㄢˊ 走ㄗㄡˇ ， 比ㄅㄧˇ 較ㄐㄧㄠˋ 不ㄅㄨˋ 容ㄖㄨㄥˊ 易ㄧˋ 被ㄅㄟˋ 可ㄎㄜˇ 疑ㄧˊ 或ㄏㄨㄛˋ 危ㄨㄟ 險ㄒㄧㄢˇ 人ㄖㄣˊ 士ㄕˋ 盯ㄉㄧㄥ 上ㄕㄤˋ 喔ㄛ ！

不要在停車場
或是空地玩耍

停車場內壞人容易躲在車子的陰影處，
在沒有人的空地也容易發生危險事件，
因此最好在人多的地方玩耍。

遇到陌生人攀談，
大聲回答：「我不知道」、
「不要」

如果有不認識的人一直找你講話，首先盡量與對方保持兩手張開左右的距離。然後用四周的人能聽得到的音量，大聲且清楚的拒絕，絕對不要跟著他走。

不要！

不行！

19

當你感到危險時保持20公尺距離

為了遠離可疑人士要拚命跑開，至少要保持20公尺的距離！大概是兩座路燈或兩根電線杆之間的距離，請記得不要忘記喔！

20公尺

被壞人追逐時可向附近住戶求救

遇到危險時，如果附近有房子的話，就算不認識也沒關係，可以在玄關敲門或是按對講機，並且大聲呼救。

21

被冷壞人抓住時要冷靜並
見機行事，盡量尋找逃
離的方法和機會

當壞人接近時要立刻大聲求救，就算被抓
住也不要立刻放棄，要懂得見機行事。如
果掙脫時用力咬壞人的手或
指尖，雖有機會逃脫，但也
可能激怒對方，要小心觀察
再行動喔！

22

即使是認識的人，如果有奇怪的舉動也要通知家中的大人或老師。

即使是親戚或是認識的人，如果觸碰你的身體或是使用暴力的話，一定要告知家中的大人或老師。你沒有做錯任何事情，不用擔心。

接下來是……

行動的守則

在家裡的時候
26～27頁

在家附近或馬路上的時候
28～35頁

在車站或電車裡的時候
36～39頁

危險會在各種場所發生，為了讓自己在任何場所遇到危險時都能處變不驚，一定要記得這些不同場所的行動守則。

在山上、海邊或是旅行的時候
44～49頁

在百貨公司或遊樂園的時候
38～43頁

自ㄗ己ㄐㄧ單ㄉㄢ獨ㄉㄨ在ㄗㄞ家ㄐㄧㄚ時ㄕ 不ㄅㄨ要ㄧㄠ開ㄎㄞ門ㄇㄣ

叮咚

儘ㄐㄧㄣ量ㄌㄧㄤ不ㄅㄨ要ㄧㄠ自ㄗ己ㄐㄧ一ㄧ個ㄍㄜ人ㄖㄣ待ㄉㄞ在ㄗㄞ家ㄐㄧㄚ裡ㄌㄧ， 若ㄖㄨㄛ真ㄓㄣ的ㄉㄜ有ㄧㄡ
需ㄒㄩ要ㄧㄠ單ㄉㄢ獨ㄉㄨ在ㄗㄞ家ㄐㄧㄚ， 請ㄑㄧㄥ記ㄐㄧ得ㄉㄜ在ㄗㄞ家ㄐㄧㄚ裡ㄌㄧ的ㄉㄜ大ㄉㄚ人ㄖㄣ回ㄏㄨㄟ來ㄌㄞ
前ㄑㄧㄢ， 不ㄅㄨ要ㄧㄠ幫ㄅㄤ任ㄖㄣ何ㄏㄜ來ㄌㄞ按ㄢ門ㄇㄣ鈴ㄌㄧㄥ的ㄉㄜ人ㄖㄣ開ㄎㄞ門ㄇㄣ， 即ㄐㄧ使ㄕ
是ㄕ鄰ㄌㄧㄣ居ㄐㄩ、 郵ㄧㄡ差ㄔㄞ、 送ㄙㄨㄥ貨ㄏㄨㄛ的ㄉㄜ宅ㄓㄞ配ㄆㄟ人ㄖㄣ員ㄩㄢ或ㄏㄨㄛ大ㄉㄚ樓ㄌㄡ保ㄅㄠ
全ㄑㄩㄢ都ㄉㄡ不ㄅㄨ要ㄧㄠ開ㄎㄞ門ㄇㄣ， 更ㄍㄥ不ㄅㄨ要ㄧㄠ開ㄎㄞ窗ㄔㄨㄤ或ㄏㄨㄛ接ㄐㄧㄝ電ㄉㄧㄢ話ㄏㄨㄚ。

不要回覆可疑的電子郵件或訊息，並通知家中的大人。

現在 立即申請禮物

是

否

在使用網路或是電子郵件時也必須小心，以免有人躲在看不見的地方做壞事喔！請記得在網路上遇見的人都是陌生人，所以要特別注意。如果收到可疑的訊息，一定要告知家中的大人。

即使是認識的人提出邀約，
也不要輕易答應

我是老師的朋友，我可以在家裡幫你輔導功課喔！

真的嗎？

就算是家人或學校老師的朋友，如果他們主動跟你說話甚至邀約你一起去某個地方時，千萬不要輕易答應，先想想看是不是真的，有可能他們是騙你的，一定要先和家人或老師確認喔！

不ㄅㄨˋ要ㄧㄠˋ隨ㄙㄨㄟˊ便ㄅㄧㄢˋ告ㄍㄠˋ訴ㄙㄨˋ陌ㄇㄛˋ生ㄕㄥ人ㄖㄣˊ自ㄗˋ己ㄐㄧˇ的ㄉㄜ˙名ㄇㄧㄥˊ字ㄗˋ、 電ㄉㄧㄢˋ話ㄏㄨㄚˋ和ㄏㄢˋ住ㄓㄨˋ址ㄓˇ

如ㄖㄨˊ果ㄍㄨㄛˇ隨ㄙㄨㄟˊ便ㄅㄧㄢˋ告ㄍㄠˋ訴ㄙㄨˋ陌ㄇㄛˋ生ㄕㄥ人ㄖㄣˊ自ㄗˋ己ㄐㄧˇ的ㄉㄜ˙名ㄇㄧㄥˊ字ㄗˋ或ㄏㄨㄛˋ家ㄐㄧㄚ裡ㄌㄧˇ資ㄗ訊ㄒㄩㄣˋ， 可ㄎㄜˇ能ㄋㄥˊ會ㄏㄨㄟˋ被ㄅㄟˋ拿ㄋㄚˊ來ㄌㄞˊ做ㄗㄨㄛˋ壞ㄏㄨㄞˋ事ㄕˋ。 所ㄙㄨㄛˇ以ㄧˇ不ㄅㄨˋ要ㄧㄠˋ隨ㄙㄨㄟˊ便ㄅㄧㄢˋ告ㄍㄠˋ訴ㄙㄨˋ別ㄅㄧㄝˊ人ㄖㄣˊ， 也ㄧㄝˇ不ㄅㄨˋ要ㄧㄠˋ寫ㄒㄧㄝˇ在ㄗㄞˋ紙ㄓˇ上ㄕㄤˋ。

不要收陌生人
贈與的食物或玩具

零食、糖果、遊戲、零用錢等物品，雖然你可能都很想要，但是可以免費得到就是危險的信號，不要被陌生人的甜言蜜語欺騙。

在昏暗的地方有人靠近要趕快移動到明亮的場所

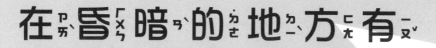

昏暗的地方隱藏著許多危險，只有路燈和公車站牌微弱的燈光也不安全，最好選擇在商店街等光線明亮的大馬路行走。

如果發現有人一直注視你要趕快離開現場

不管你在那裡，都要留意是否有陌生人一直盯著你看，甚至對著你拍照或錄影。如果發生這種情況，悄悄的盡快離開現場。

有人從車裡跟你說話不要理
會盡快朝車子反方向遠離

車子可以行駛到很遠的地方，並且能把車門上鎖，如果有陌生人從車子裡搖開車窗跟你說話，請記得不要理他，盡量朝著車子前進的相反方向逃離才安全喔！

34

發現形跡可疑的車輛
盡量往可保護處移動

如果有車子搖搖晃晃的朝著你的方向開過來，極有可能是危險的車子。因此要盡量遠離，避開可能帶來危險的那輛車。如果沒有這樣的地方，就盡可能「不要接近」、「避開」、「繞過」那輛車。

車站內若有可疑人士埋伏要立刻通知站務人員

車站裡有許多陌生人，如果有人一直想找你講話，或是看到有可疑人士埋伏在角落，趕快通知站務人員與月臺上的工作人員，也別忘了告訴家中的大人。

在公車或捷運遇到形跡可疑的人時要盡快遠離

公車或捷運也有可能發生危險。 如果出現讓你覺得不舒服的人， 你可以在下一站下車或是移動到別的車廂。

有人觸碰你的身體或包包時要記得大聲喝止

如果有人碰到你的身體時，你可以大聲說：「住手！」、「不要！」，並向周圍的人求助。如果在車廂內非常擁擠，則可以把包包抱在身體前方保護自己。

如果有可疑人士一起進入狹窄空間的話要迅速離開

大型商店、百貨公司或遊樂園，雖然空間
寬闊，但是電梯、廁所，以及樓梯間等狹
窄的地方，常有許多不容易看見的死角，
十分危險。請記得最好能結伴同行，如果
非得單獨前往時，一定要隨時確認四周是
否有可疑人士。

遇ⅱ到ㄉㄠˋ有ㄧㄡˇ人ㄖㄣˊ鬧ㄋㄠˋ事ㄕˋ時ㄕˊ，要ㄧㄠˋ趕ㄍㄢˇ快ㄎㄨㄞˋ躲ㄉㄨㄛˇ進ㄐㄧㄣˋ附ㄈㄨˋ近ㄐㄧㄣˋ的ㄉㄜ建ㄐㄧㄢˋ築ㄓㄨˊ物ㄨˋ中ㄓㄨㄥ

經ㄐㄧㄥ過ㄍㄨㄛˋ生ㄕㄥ氣ㄑㄧˋ或ㄏㄨㄛˋ鬧ㄋㄠˋ事ㄕˋ的ㄉㄜ人ㄖㄣˊ的ㄉㄜ附ㄈㄨˋ近ㄐㄧㄣˋ時ㄕˊ，要ㄧㄠˋ避ㄅㄧˋ免ㄇㄧㄢˇ與ㄩˇ他ㄊㄚ眼ㄧㄢˇ神ㄕㄣˊ接ㄐㄧㄝ觸ㄔㄨˋ，盡ㄐㄧㄣˋ快ㄎㄨㄞˋ躲ㄉㄨㄛˇ到ㄉㄠˋ附ㄈㄨˋ近ㄐㄧㄣˋ的ㄉㄜ店ㄉㄧㄢˋ家ㄐㄧㄚ或ㄏㄨㄛˋ建ㄐㄧㄢˋ築ㄓㄨˊ物ㄨˋ內ㄋㄟˋ。記ㄐㄧˋ得ㄉㄜ把ㄅㄚˇ包ㄅㄠ包ㄅㄠ抱ㄅㄠˋ在ㄗㄞˋ身ㄕㄣ體ㄊㄧˇ前ㄑㄧㄢˊ方ㄈㄤ，雨ㄩˇ傘ㄙㄢˇ也ㄧㄝˇ是ㄕˋ用ㄩㄥˋ來ㄌㄞˊ防ㄈㄤˊ身ㄕㄣ的ㄉㄜ好ㄏㄠˇ道ㄉㄠˋ具ㄐㄩˋ喔ㄛ！

迷路時不要慌張
更不要四處亂跑

在百貨公司或遊樂園等空間寬闊的地方迷路時，一定要記得不要四處亂跑。最好待在原地等待，或是向附近的店員、警衛以及穿制服的工作人員求助。

43

在山上或海邊時要先和大人確認所在地點

露營場地圖

現在所在地

P

在ㄕㄢ山ㄕㄤ上或ㄏㄨㄛ海ㄏㄞ邊ㄅㄧㄢ一ㄧ旦ㄉㄢ走ㄗㄡ丟ㄉㄧㄡ，事ㄕ態ㄊㄞ會ㄏㄨㄟ相ㄒㄧㄤ當ㄉㄤ嚴ㄧㄢ重ㄓㄨㄥ。因ㄧㄣ此ㄘ，絕ㄐㄩㄝ對ㄉㄨㄟ不ㄅㄨ要ㄧㄠ自ㄗ己ㄐㄧ一ㄧ個ㄍㄜ人ㄖㄣ單ㄉㄢ獨ㄉㄨ玩ㄨㄢ耍ㄕㄨㄚ。在ㄗㄞ活ㄏㄨㄛ動ㄉㄨㄥ之ㄓ前ㄑㄧㄢ，先ㄒㄧㄢ和ㄏㄜ大ㄉㄚ人ㄖㄣ一ㄧ起ㄑㄧ確ㄑㄩㄝ認ㄖㄣ布ㄅㄨ告ㄍㄠ欄ㄌㄢ或ㄏㄨㄛ是ㄕ地ㄉㄧ圖ㄊㄨ上ㄕㄤ面ㄇㄧㄢ安ㄢ全ㄑㄩㄢ的ㄉㄜ地ㄉㄧ方ㄈㄤ，更ㄍㄥ不ㄅㄨ要ㄧㄠ去ㄑㄩ大ㄉㄚ人ㄖㄣ看ㄎㄢ不ㄅㄨ見ㄐㄧㄢ的ㄉㄜ地ㄉㄧ方ㄈㄤ。

換衣服時若發現有人一直在看你要立刻通知同行大人

海邊有各式各樣的人往來，其中可能隱藏著想偷看你身體的人。若是發現附近有這樣行為的人，要立刻通知同行的大人。

46

發現有人在偷拍時要說：
「不要」、「 不行 」、「 NO 」

拍照所留下的影像紀錄可以被保存的很久， 如果有陌生人拿著攝影設備對著你， 想拍你的臉或身體的時候， 一定要嚴厲拒絕， 並趕緊跟身邊的大人說！

外出時不要讓隨身物品離開視線範圍

你和家人的重要物品就是小偷的下手目標。所以不論在何時何地，要確實拿好自己的包包，就算只是去廁所，也不可以離開視線，更不要把錢包隨意放在褲子口袋，以免不小心弄丟喔！

旅遊時一定要和同行的大人一起行動

出門旅行時，不論何時何地都要和大家一起行動，不能離開大人身邊。大人更不可以將孩子單獨留在旅館內喔！

防身守則檢核表

說明：知道這個守則之後，在 ☐ 裡貼貼紙或塗上顏色

起點

目標 成為防身專家！

P8
「可疑、危險人士」接近時要提高警覺 ☐

P9
長時間單獨待在外面非常危險 ☐

P10
隨時確認自己身邊是否有可以信賴的人 ☐

P11
平常多和鄰居打招呼 ☐

安全力 第二級

P18
不要在停車場或是空地玩耍 ☐

P17
當單獨走在路上時不要逗留快步向前走 ☐

安全力 第一級

P12
覺得不舒服或奇怪的時候要跟老師或家中的大人說 ☐

P19
遇到陌生人攀談，大聲回答：「我不知道」、「不要」 ☐

P16
練習打電話求救 ☐

P13
隨身攜帶可以呼救或是保護身體的物品 ☐

P20
當你感到危險時保持20公尺距離 ☐

20公尺

安全力 第三級

P14
檢查學校或家附近的危險場所 ☐

P21
被壞人追逐時可向附近住戶求救 ☐

P22
被壞人抓住時要冷靜並見機行事，盡量尋找逃離的方法和機會 ☐

P23
即使是認識的人，如果有奇怪的舉動也要通知家中的大人或老師 ☐

P26
自己單獨在家時不要開門 ☐

P27
不要回覆可疑的電子郵件或訊息並通知家中的大人 ☐

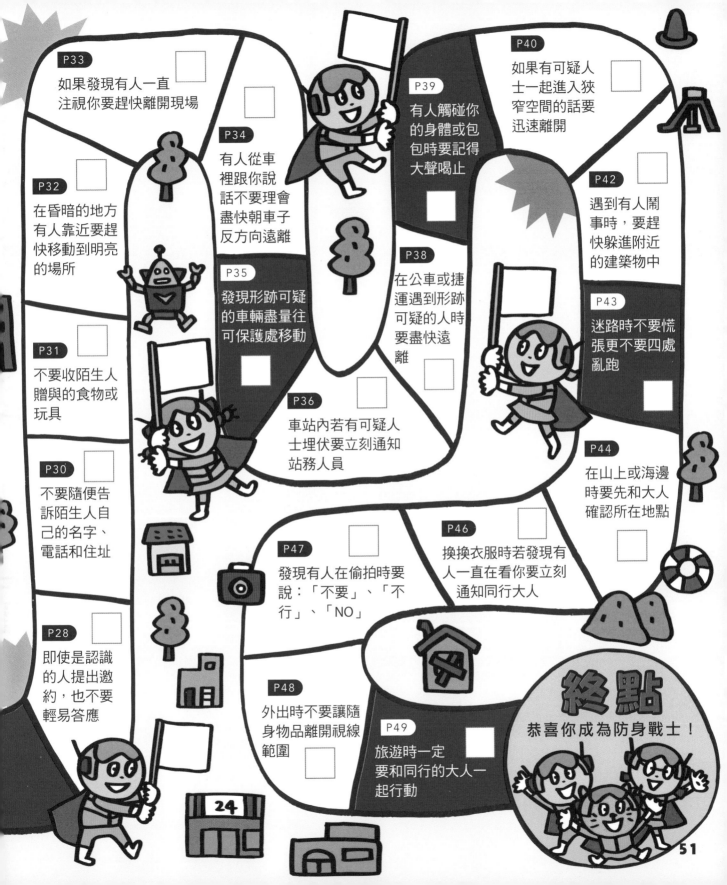

P33 如果發現有人一直注視你要趕快離開現場

P34 有人從車裡跟你說話不要理會盡快朝車子反方向遠離

P39 有人觸碰你的身體或包包時要記得大聲喝止

P40 如果有可疑人士一起進入狹窄空間的話要迅速離開

P42 遇到有人鬧事時，要趕快躲進附近的建築物中

P32 在昏暗的地方有人靠近要趕快移動到明亮的場所

P35 發現形跡可疑的車輛盡量往可保護處移動

P38 在公車或捷運遇到形跡可疑的人時要盡快遠離

P43 迷路時不要慌張更不要四處亂跑

P31 不要收陌生人贈與的食物或玩具

P36 車站內若有可疑人士埋伏要立刻通知站務人員

P44 在山上或海邊時要先和大人確認所在地點

P30 不要隨便告訴陌生人自己的名字、電話和住址

P46 換換衣服時若發現有人一直在看你要立刻通知同行大人

P47 發現有人在偷拍時要說：「不要」、「不行」、「NO」

P28 即使是認識的人提出邀約，也不要輕易答應

P48 外出時不要讓隨身物品離開視線範圍

P49 旅遊時一定要和同行的大人一起行動

終點
恭喜你成為防身戰士！

51

保護自己的行動

保護自己、遠離壞人的實用練習

不要／不行

站穩並把手掌向前伸出

大叫並揮舞手腳

揮舞手臂，用腳踢地，
並大聲喊叫

甩動手臂

被對方抓住時，
用力甩動手臂掙脫。

用力踢對方的小腿

屁股著地，
用力踢對方的雙腿

咬住對方手臂

迅速咬住纏著毛巾的
大人手臂練習

跑向大人

一邊大喊「救命！」
一邊朝向大人跑去。

＊實際上咬手指更有效果

被攀談時的回答

壞人會用各種方式跟你說話，
和家裡的大人一起討論該如何回答。

不行，
我現在在趕路！

不要！不行！

我也不知道，
請你去問大人。

我會自己回家確認

不要，我不去！

不要/ 不行/ 請住手！

我沒事

我不去！
我會請大人幫忙

住手！
（離開現場）

監修者給家長的話
家長應該知道的事

　　這本書統整了35個保護孩子遠離歹徒，且希望孩子能身體力行的防身守則。犯罪事件往往發生在「不會在這裡吧？不會是我吧？」的場所、心理、社會、時間等僥倖的縫隙之間。我們可以藉由周圍的守護，以及孩子（含大人在內）自己的「安全基礎體力＝體力、智慧、知識、溝通力、對應能力來填補這個縫隙。

　　在危險事件發生之前、發生當下、發生之後該怎麼做？如果是我的話我會怎麼辦？希望家長可以和孩子一邊共讀這本書，一邊思考以上的問題。不論在日本或是海外，培養安全意識及習慣，讓你不管住在哪裡都能安全的生活。學習危機處理，不但一生受用，更是成長很重要的一部分。

　　希望本書能夠幫助兒童了解，自己與身邊的人們人身安全的重要性，並且學習怎麼以正確的態度與行動應對危機，也期盼藉由本書能夠幫助兒童化險為夷，並成長為樂於守護兒童的溫暖大人。

日本NPO法人體驗型安全教育支援機構代表理事 **清永奈穗**

家長守護孩童守則❶
親子共同製作安全散步地圖

上學路徑有安全的地方，也有危險之處。和孩子一起製作安全散步地圖，讓孩子能快樂的瞭解相關資訊。畫線連接小學及住家，標誌需要留意的人或場所，並討論其需要留意的原因。

家長守護孩童守則❷
留意社群軟體及線上遊戲

透過社群軟體或線上遊戲，針對兒童下手的犯罪日益增加，因此家長可以❶設置網路守門員❷不上傳孩子的個人訊息、臉部照片、興趣、煩惱、重要的事情等❸切記不要讓孩子和網路上認識的人見面。

記住安全教育口訣

危險場所的特徵

- **人** 很少的地方
- **看** 不到或看不清楚四周環境的地方
- **分** 叉路口、小路
- **沒** 有人利用的房子或空地

可疑人士的特徵

- **一** 直想和你說話的人
- **沒** 有理由靠近你的人
- **在** 路邊等一直注視你的人
- **不** 論何時何地一直跟著你的人
- **一** 直等待你出現的人
- **遇** 到這些人要保持警覺，特別注意

讓你度過危機的動作

跑

叫　看

跳

咬

清楚堅定 **拒 絕**

和朋友 互相 **幫 助**

搭訕、擄走之外需要留意的事項

迷路

孩子有時候會在附近的超市裡迷路。不管在什麼地方，都要事先和孩子約好集合的地點

偷拍、偷窺

隨著智慧型手機的普及，兒童被偷拍的機率也隨之增加。狹窄的空間、不容易看見的場所、有高低差的地方等需要留意。

扒手、強盜

特別在旅行的時候，切記錢包和貴重物品不要離身。但生命是最寶貴的，若是遇到強盜，放手不要抵抗也是聰明的判斷。

海外治安

有些國家或地區，若是讓孩子單獨留在住宿地或獨處，很容易導致犯罪事件發生。所以不論何時何地都要讓孩子待在身邊。

監修
清永奈穗

日本NPO法人體驗型安全教育支援機構代表理事，有限公司STEP綜合研究所所長，教育學博士，研究青少年不當行為、罷凌、犯罪、災害等。為了培養保護自己的能力，推廣「自己思考、自己判斷、自主行動」之體驗型學習教育。在日本各地及幼兒園、教育設施等地進行安全教育。主要的著作有《保護幼兒園，保護孩子》、《不要，不行，不去---家長指導兒童安全教育手冊》《危險的時候說不要，不行，不去 守護孩子指南》等。

繪者
the rocket gold star

住在神戶的插畫家。從事繪本、童書的插圖、角色設計、廣告、動畫、漫畫等。主要的作品有《兩格漫畫 一二拳》（出版WORKS）、《五十音著色本》（光之國）等。

●● 知識繪本館

危險來了我會自保！
35個孩子一定要知道的防身守則

監修｜清永奈穗（日本NPO法人體驗型安全教育支援機構代表理事）
繪者｜the rocket gold star　譯者｜蘇懿禎
審訂｜單信瑜（國立陽明交通大學副教授）
責任編輯｜詹嬿馨　美術設計｜李潔　行銷企劃｜王予農

天下雜誌群創辦人｜殷允芃
董事長兼執行長｜何琦瑜
媒體暨產品事業群
總經理｜游玉雪　副總經理｜林彥傑
總編輯｜林欣靜
行銷總監｜林育菁　主編｜楊琇珊　版權主任｜何晨瑋、黃微真

出版者｜親子天下股份有限公司
地址｜台北市104建國北路一段96號4樓
電話｜（02）2509-2800　傳真｜（02）2509-2462
網址｜www.parenting.com.tw
讀者服務專線｜（02）2662-0332　週一～週五：09:00~17:30
讀者服務傳真｜（02）2662-6048　客服信箱｜parenting@cw.com.tw
法律顧問｜台英國際商務法律事務所 ・ 羅明通律師
製版印刷｜中原造像股份有限公司
總經銷｜大和圖書有限公司　電話：（02）8990-2588

出版日期｜2023年 5 月第一版第一次印行
　　　　　2024年 6 月第一版第三次印行
定價｜360元　書號｜BKKKC242P
ISBN｜978-626-305-467-7（精裝）

訂購服務───────────────
親子天下 Shopping｜shopping.parenting.com.tw
海外 ・ 大量訂購｜parenting@cw.com.tw
書香花園｜台北市建國北路二段6巷11號　電話（02）2506-1635
劃撥帳號｜50331356　親子天下股份有限公司

國家圖書館出版品預行編目資料

危險來了我會自保！：35個孩子一定要知道的防身守則/清永奈穗 監修；the rocket gold star 繪；蘇懿禎 譯. -- 第一版. -- 臺北市：親子天下股份有限公司, 2023.05；56面；21×23.6公分.
--(知識繪本館)　國語注音
ISBN 978-626-305-467-7(精裝)
1.CST: 安全教育 2.CST: 犯罪防制 3.CST: 兒童教育

528.38　　　　　　　　　　　　112004595

Bouhan
© Gakken
First published in Japan 2022 by Gakken Plus Co., Ltd., Tokyo
Traditional Chinese translation rights arranged with Gakken Inc.
through Future View Technology Ltd.

立即購買 >